AF404113

SYLLABAIRE

SUIVANT

L'APPELLATION MODERNE,

A L'USAGE DES ÉCOLES PRIMAIRES ;

PAR

CHAMERAT, INSTITUTEUR.

A LYON,

CHEZ M. P. RUSAND, LIBRAIRE,

IMPRIMEUR DU ROI.

1824.

AVERTISSEMENT.

CES Elémens sont un précis très-succinct d'un ouvrage en un volume in-octavo qui paroît sous le titre de *Théorie des vrais Principes de Lecture, mise en pratique.*

J'en ai extrait la partie purement mécanique en laissant de côté ce qui tient à la théorie de l'art, ce qui est abstrait ; et je me suis renfermé dans ce qu'il y a de plus essentiel à savoir en fait de pratique.

En parcourant les leçons on s'abstiendra de changer l'ordre respectif qui règne entre elles : et tout au plus on se permettra de ne faire lire de telle leçon que telle ou telle partie ; on en fera lire plus ou moins, suivant que l'enfant apportera à la lecture plus ou moins de disposition.

Mais une chose dont, avant tout, on doit se bien pénétrer, c'est que la seule manière

1.

dont il convienne de raisonner avec l'enfant est de lui faire bien répéter la syllabe ou le mot qu'on lui a bien lu.

Le maître exigera que le jeune lecteur connoisse parfaitement les voyelles, les con-sonnes et les accens d'après une indication faite au hasard dans ce livre, et qu'il distingue la nature des *E* dans tous les mots qui en renferment.

L'élève remarquera aussi qu'outre l'*E* muet il y a l'aphonique, terme créé pour plus de clarté : dans *redingole* la première voyelle est l'*E* muet, et la dernière est l'aphonique. C'est principalement à la fin des mots que figure l'aphonique, ainsi nommé parce que jamais il ne doit se faire entendre, si ce n'est de celui qui s'écoute en parlant.

L'*E* muet non écrit est appelé *schéva*. Ce schéva est encore plus foible, plus muet que l'*E* muet lui-même. Il y a un schéva après la dernière lettre des mots suivans : *Achab, soc, David, Juif, Magog, Lock, Abel, Jérusa-*

lem, *Eden*, *cap*, *coq*, *car*, *florès*, *brut*,
Pollux, *gaz*, etc.

Ainsi dans ce Syllabaire les consonnes étant nommées sans voyelles se prononceront avec le schéva, c'est-à-dire qu'on donnera aux consonnes le son un peu plus foible que celui qu'elles ont étant suivies d'un E muet ou plutôt de l'aphonique.

La lecture n'est pas, comme l'a dit Duclos, le plus difficile de tous les arts, puisqu'il est de fait qu'avec les plus mauvaises méthodes et les maîtres les plus ignorans on apprend à lire en un ou deux ans, et quelquefois en bien moins de temps.

On n'a pas compris, dit M. Lemare, le mécanisme de la lecture. Ce sont les yeux qui lisent. Qu'on aide un peu l'heureuse faculté de la vue; que surtout on ne l'entrave pas par des secours que la nature repousse, et l'on verra que la lecture est l'un des plus faciles de tous les arts.

N. B. Cet Abrégé ne contient que les mots

que les enfans doivent lire d'après les règles expliquées dans la *Théorie mise en pratique*, qui se vend séparément. Ce petit livre offre aussi des avantages incalculables pour les maîtres qui ne veulent pas changer leur méthode, puisqu'en renfermant toutes les difficultés qui peuvent se rencontrer dans la lecture il facilite toutes les méthodes sans en contrarier aucune.

SYLLABAIRE

SUIVANT L'APPELLATION MODERNE.

PREMIÈRE LEÇON.

ALPHABET.

A B C D E F G H I J K L M
N O P Q R S T U V X Y Z.

a b c d e f g h i j k l m n
o p q r s t u v x y z.

*A B C D E F G H I J K L M
N O P Q R S T U V X Y Z.*

*a b c d e f g h i j k l m
n o p q r s t u v x y z.*

Voyelles simples toutes mêlées.

a e i y o u e i y o u a i y o u a
e u a e y o u a e i o a u e i a u o
e a i e y i a o u e y u a u o e a u
y e i e o y e a u e y o a i u o y,
a u. 1, 2, 3, 4, 5, 6, 7, 8, 9, o.

Consonnes toutes mêlées.

(Voyez l'in-octavo, pag. 3.)

b c d f g h j k l m n p q r s t v
x z c f h k m p r t x b d g j l n
q s v z c q k n r v b f j m q t z
d h l p s x c h m r x d j n s z
f k p t b g l q v c j p v d k q x
f l r z g m s b h t n c r j q z h
p x g n v f m t d l s k s d m v
g p z j r c t q r z x v p s f z g

m x h p l r j t b c. 10, 11, 12, 13, 14, 15, 16, 17, 18, 19, 20.

Consonnes suivies d'un schéva.

Ab ac ad af ag aj ak al am an ap aq ar as at av ax az. Eb ec ed ef eg ej ek el em en ep eq er es et ev ex ez. Ib ic id if ig ij ik il im in ip iq ir is it iv ix iz. Ob oc od of og oj ok ol om on op oq or os ot ov ox oz. Ub uc ud uf ug uj uk ul um up uq ur us ut uv ux uz. Ab ec id of ug al em in op uq ar es it ox ub ac ed if og ul am en ip oq ur as et ix ob uc ad ef ig ol um an ep iq or us at ex ib oc ud af eg il om up ap eq ir os ut ax eb ic od uf ag el im on up ux ar oc il ec od' up. 21, 22, 23, 24, 25, 26, 27, 28, 29, 30.

Il y a trois accens :

L'accent aigu . . . . ╱
L'accent grave. . . . . ╲
L'accent circonflexe. . . . . ∧

Il y a trois sortes d'*E* :

L'*é* muet se prononce. . . . . . *e*
L'*é* fermé se prononce. . . . . . *é*
L'*é* ouvert se prononce . . . . *è* ou *é*

Consonnes suivies d'une voyelle.

(Voyez l'in-octavo, pag. 4, 5 et 6.)

Aba, ebe, ébé, èbè, ibi, obo, ubu, êbê, ada, ede, édé, èdè, idi, odo, udu, êdê, afa, efe, éfé, èfè, ifi, ofo, ufu, êfê, aja, eje, éjé, èjè,

iji, ojo, uju, êjê, ala, elę, élé,
èlè, ili, olo, ulu, êlê, ama, eme,
émé, èmè, imi, omo, umu, êmê,
ana, ene, éné, ènè, ini, ono, unu,
ênê, apa, epe, épé, èpè, ipi, opo,
upu, êpê, ara, ere, éré, èrè, iri,
oro, uru, êrê, a-sa, e-se, é-sé,
è-sè, i-si, o-so, u-su, ê-sê, ata,
ete, été, ètè, iti, oto, utu, êtê,
ava, eve, évé, èvè, ivi, ovo, uvu,
êvê, axa, e-xe, é-xé, è-xè, ixi, oxo,
uxú, ê-xê, aza, eze, ézé, èzè, izi,
ozo, uzu, êzê, aca, oco, ucu, aga,
ogo, ugu, agua, egue, égué, èguè,
igui, oguo, uguu, aqua, eque, équé,
èquè, iqui, oquo, uquu. 31, 32,
33, 34, 35, 36, 37, 38, 39, 40.

Aba, édé, oco, aga, ofo, yly,

ama, ènè, ipi, oro, uju, ava, utu,
iri, é-xé, ixi, ozo, ubu, afa, udu,
ogo, éjé, ili, omo, unu, ypy, éré,
a-sa, aqua, igui, yry, ete, ovo,
yxy, eque, aza, ébé, ucu, idi, ufu,
ojo, ulu, êmê, ana, epe, équé,
éré, i-si, oto, izi, obo, aca, odo,
èlè, yzy, ala, èmè, oko, ipi, opo,
u-su, yty, eve, oxo, uzu, ydy,
egue, éfé, ugu, olo, iji, umu, ini,
apa, è-sè, ara, iti, uvu, axa, êzê,
ibi, ada, ifi, ele, imi, ono, upu,
y-sy, uru, ata, ivi, uxu, êdê, yby,
èzè, aja, iki, aka, yky. 41, 42,
43, 44, 45, 46, 47, 48, 49, 50.

PREMIÈRE LECTURE.

(Voyez l'in-octavo, pag. 7 et 8.)

Il, or, arc, le, la, me, te, se, que, qui, ne, tu, sa, ma, ta, bac, bal, sac, cap, Gap, car, pic, vif, fil, mil, Job, coq, roc, soc, tic, vol, duc, Luc, nul, par, ric-à-ric, Marc, talc, parc, porc, fisc, laps, Ulm, Mars, luth, hem, hier, bel, bec, sec, sel, tel, quel, mer, fer, belle, telle, quelle, Berne, leste, veste, quelque, lequel, sexe, elle vexe, café, curé, défi, déjà, loto, maki, axe, mari, pâté, pavé, ravi, rôti, zéro, cave, rave, taxe, même, thème, dîme, pipe, rhume, lune, scubac, relaps, banal, Agag, barbu,

bivac, cornac, pascal, verbal, Doëg,
Siam, jalap, nectar, âme, acte, âne,
apte, arme, arrhe, Ève, orme, urne,
hune, hâte, huppe, halte, harde,
horde, huile, hyène, herbe, herse,
avec, formel, Abel, item, amen,
Eden, hymen, amer, éther, pater,
Sélim, aspic, mastic, David, actif,
motif, subtil, Naboth, zénith, viril,
morfil, dormir, estoc, siroc, finir,
Anet, Aleth, servir, Mogol, castor,
caduc, calcul, acte, hymne, isthme,
asthme, rhythme, pacte, carte,
hymne, buste, juste, marque, lors-
que, puisque, Sparte, masque,
jusque, pâque, bague, algue, figue,
argue, orgue, vague, digue, ligue,
dogue, vogue, Postdam, Stockholm,

messe, elle, telle, Yonne, gomme,
homme, bonne, tonne, pomme.
51, 52, 53, 54, 55, 56, 57, 58,
59, 60.

J'occupe, culotte, paresse, ga-
zette, bassine, colonne, attaque,
badiné, cajolé, Canada, canapé,
canari, carabé, cavité, comité, dé-
coré, défini, délavé, démunir, dé-
puté, dérivé, dévolu, domino, fa-
vori, figuré, fixité, jubilé, nudité,
numéro, parité, paroli, septemvir,
pilori, révolu, vérité, vanité, aque-
duc, Abraham, agaric, cardinal,
amical, boréal, capital, caporal,
jovial, Portugal, vertical, actuel,
colonel, éternel, adjectif, Jupiter,
expulsif, vomitif, puéril, parasol,

similor, absorbé, abstersif, adopté, ajusté, alarmé, arcade, carafe, cabane, organe, Erasme, sarcasme, colère, sévère, alterne, caverne, funeste, élève, cupide, abîme, humide, habile, Goliath, Nazareth, déisme, artiste, estime, active, méthode, Astaroth, Belzébuth, stérile, virgule, bissextil, monarque, burlesque, fatigue, époque, baroque, je subjugue, Ptolomée, Amsterdam, Rotterdam, Bethléem, abdomen, examen. 61, 62, 63, 64, 65, 66, 67, 68, 69, 70.

Banalité, calamité, capitulé, cupidité, décapité, délibéré, démérité, fatalité, fétidité, fidélité, latinité, localité, majorité, maturité, mino-

rité, nubilité, rapidité, rivalité, so-
lidité, sévérité, témérité, timidité,
validité, vénalité, virilité, lividité,
adverbial, universel, spirituel, ab-
surdité, activité, alternatif, cata-
racte, accolade, alidade, caravane,
gallicane, caractère, politesse, inu-
tile, carabine, favorite, horoscope,
télescope, orthodoxe, habitude,
véhicule, Aristarque, romanesque,
soldatesque, catalogue, décalogue,
synagogue, libéralité, mutabilité,
naturalité, popularité, régularité,
ridiculité, volubilité, adjudicatif,
démoniaque. 71, 72, 73, 74, 75,
76, 77, 78, 79, 80.

DEUXIÈME LEÇON.

Deux consonnes suivies d'un schéva.

Bl, br, cl, cr, dr, fl, fr, gl, gr,
pl, pr, tr, vr, gn, ch, ph, phl, phr.
(Voyez l'in-octavo, pag. 11.)

DEUXIÈME LECTURE.

Deux consonnes suivies de l'apho-
nique.

Bl. J'accable, accommodable, ac-
cordable, accostable, admi-
rable, admissible, adorable,
affable, aliénable, amiable,
amovible, câble, calculable,
capable, diable, habitable,
il hâble, hièble, honorable,
imitable, inhabitable, irré-

Bl. ductible, justifiable, mémorable, navigable, niable, noble, palpable, passible, possible, potable, redevable, rémissible, respirable, reversible, sable, sécable, serviable, soluble, table, terrible, vénérable, vulnérable. 81, 82, 83, 84, 85, 86, 87, 88, 89, 90.

Br. Arbre, calibre, libre, lugubre, marbre, sabre, salubre, sobre, Tibre, vertèbre.

Cl. Article, binocle, habitacle, miracle, pinacle, il racle, il sarcle, siècle, spectacle.

Cr. Diacre, nacre, il sacre, sépulcre, sucre, médiocre.

Dr. Cadre, détordre, escadre, hy-
dre, ladre, mordre, l'ordre,
perdre, polyèdre, tordre,
retordre. 91, 92, 93, 94,
95, 96, 97, 98, 99, 100.

Fl. Buffle, mufle, il persifle, rafle,
il renifle, il siffle, nèfle.

Fr. Balafre, coffre, fifre, j'offre,
safre.

Gl. Bigle, il se dérègle, la règle,
espiègle, remugle.

Gr. Il dénigre, il émigre, ogre,
podagre, tigre, alègre.

Pl. Décuple, multiple, nonuple,
octuple, périple, sextuple,
septuple, sinople.

Pr. Apre, câpre, lèpre. 101, 202,
303, 404, 505, 606, 707,
808, 909, 110.

Tr. Acariâtre, admettre, administre,
aéromètre, albâtre, arbitre,
astre, battre, diamètre, épî-
tre, être, fenêtre, folâtre,
ganitre, hectomètre, idolâ-
tre, illustre, kiastre, kilo-
litre, lettre, lustre, ministre,
mulâtre, myrialitre, nitre,
notre, opiniâtre, mettre,
permettre, apôtre, pupitre,
pyrèthre, quatre, rabattre,
salpêtre, semestre, séquestre,
sistre, spectre, tartre, ter-
restre, théâtre, le vôtre.

Vr. Cadavre, cuivre, il délivre,
ivre, lèvre, balèvre, lièvre,
livre, mièvre, orfèvre, vivre,
survivre, suivre.

Gn. J'aligne , il assigne , borgne , Catalogne, cocagne, Cologne, digne , Espagne , je gagne , guigne , la ligne , il règne , il répugne, il rogne, il signe , vergogne , la vigne , vigogne.

Ch. Affiche , biche , bobèche , il cache , calèche , caniche , coche , coqueluche , il des- sèche, je détache, il écorche , il se fâche, fétiche , une fiche , filoche , une gâche , galoche , ganache, gavache, guenuche , la hache , la hoche , la huche , lâche , il marche , la mèche , la niche , pastiche , patache , peluche , perche , pistache , la poche , postiche , il rabâche ,

je sèche, la tache, la tâche,
la torche, une vache.
Ph. Epitaphe. 111, 212, 313, 414,
515, 616, 717, 818, 919, 120.

Deux consonnes suivies d'une
voyelle simple.

Eblé, ibri, uchu, ycly, acra,
idri, uflu, èglè, igni, ogro, upru,
oplo, yphy, aphla, ephre, ubru,
èchè, icli, oclo, êflê, ifri, uglu,
ygny, agra, apla, iphi, ophlo,
uphru, itri, uvru, ibli, obro,
ychy, acla, écré, odro, yfly, afra,
ègnè, igri, oplo, ipri, uphu, yply,
aphra, avra, ublu, ybry, êclê,
icri, udru, afla, igli, ogno, ugru,
uplu, ypry, apha, éphlé, iphri,

atra, ivri, abla, èbrè, ichi, oclo, ucru, adra, ifli, ofro, igli, agna, êglê, éplé, ipri, opho, uphlu, otro, ivri, oblo, abra, ycry, oflo, ufru, agla, ipli, apra, éphé, iphli, ophro, ovro, acha, ocho, uclu, ygry, oglo, ugnu, ocfroc, octroc, ecchec. 221, 322, 423, 524, 625, 726, 827, 928, 129, 230.

TROISIÈME LECTURE.

Ablatif, acrostiche, adresse, Afrique, agrafe, agréable, agreste, agriculture, alégresse, alphabétique, anarchique, aphélie, aphorisme, aphthe, aplanir, apocryphe, apographe, apoplectique, apostrophe, approbatif, archidiacre, archiprêtre, atmosphère, bachique, balustrade, bibliographe, brignole, brochure, cacophonie, capricorne, chapelle, chef, chèvre, chiffre, chocolatière, clarinette, clérical, cliquette, cloche, il crache, crépuscule, cristal, croquignole, cruel, crypte, dramatique, flatterie, flèche, fluidité, fracture, frénétique, frigorifique, il frotte, frugalité, glapir, glissade, je me glorifie, grammatical, grec, grenade, griffade, il grignote, grossière, pharmacopée, phénix, phlébotomiste, phosphore, il placarde, pléonasme, pluriel, praticable, il prêche, primitif, problême, il proclame, prunelle, traduire, trèfle, tribunal, tropique, truite. 331, 432, 533, 634, 735, 836, 937, 138, 239, 340.   3

TROISIÈME LEÇON.

Voyez l'in-octavo, pag. 11 et 17.

Voyelles composées.

ai, au, eau, eu, ou, oi.

Ai-bai, au-blau, eau-breau, eu-cheu, ou-cou, oi-cloi, ai-crai, au-dau, eau-dreau, eu-feu, ou-flou, oi-froi, ai-gai, au-glau, eau-gneau, eu-greu, ou-lou, oi-noi, ai-mai, au-pau, eau-pheau, eu-phleu, ou-phrou, oi-ploi, ai-prai, au-qu'au, eau-reau, eu-seu, ou-tou, oi-troi, ai-vai, au-vrau, eau-xeau, eu-zeu, ai-cai, au-chau, eau-cleau, ou-crou, eu-deu, oi-droi, au-fau, eau-fleau, ai-glai, eu-gneu, oi-groi, au-lau,

ai-plai, eau-peau, ou-phou, ai-phlai,
eu-phreu, oi-ploi, au-prau, eu-queu,
ai-rai, ou-sou, eu-treu, eau-veau,
ai-vrai, eu-xeu, ou-zou.

QUATRIÈME LECTURE.

Baigneur, chaîne, domaine, dou-
zaine, commissaire, grammaire, libraire, bateau, fraude, cadeau, gouf-
fre, bureau, débauche, chameau,
couteau, cheveu, la queue, la gueule,
fleuve, buveur, liqueur, rigueur,
couleur, crocheteur, chaleur, bijou,
verrou, cartouche, mouche, la bou-
cle, la roue, la joue, foible, foi-
blesse, roide, affoiblir, paroître,
connoissable, connoître, la monnoie,
il abaissera, abréviateur, abrouti.

absoudre , abstraire , acajou , elle accouchera , acheteur , administrateur , adversaire , agriculteur , aigreur , aînesse , amadou , amaigrir , amateur , amour , anniversaire , appauvrir , apprêteur , araignée , arbitraire , ardeur , assoupir , auditeur , aujourd'hui , auriculaire , austérité , auteur , autour , auxiliaire , aveu , baragouineur, Bourgogne, châtaigne, je demeurerai , dignitaire , faucheur, faussaire , fourneau , fraîcheur, jeudi, laboureur , laideur , maigreur , neuvaine , nouveau , le quai.

(Voyez l'in-octavo, pag. 27.)

Le vœu , l'œuf, le bœuf, la sœur, le cœur , l'œuvre , œcuménique , œdème , Œdipe , etc. 441 , 542 ,

643, 744, 845, 946, 147, 248,
349, 450.

QUATRIÈME LEÇON.

Voyelles nasales.

(Voyez l'in-octavo, pag. 11 et 18.)

am, an, ean, em, en, im, in, aim,
ain, ein, om, on, um, un, eun.

Am-bam, an-blan, ean-jean, em-
brem, en-den, im-chim, aim-faim,
ain-cain, ein-clein, om-crom, on-
don, um-drum, un-fun, eun-jeun,
am-flam, im-frim, in-guin, aim-gaim,
ain-glain, om-gnom, on-gron, um-
lum, un-mun, em-pem, im-phim,
in-phlin, aim-phraim, ain-plain, ein-
prein, on-qu'on, um-rum, un-sun,

en-ten, im-trim, ain-vain, ein-vrein,
om-xom, on-zon, um-fum, un-brun,
on-bron, ain-cain, om-chom, on-
clon, in-crin, im-dim, em-drem,
an-fan, un-flun, om-from, on-gon,
ein-glein, ain-gnain, in-grin, en-len,
em-mem, un-nun, om-pom, ein-
phein, ain-phlain, im-phrim, em-
plem, en-pren, ain-qu'ain, em-rem,
on-son, ein-trein, am-vam, on-vron,
in-xin, on-zon.

CINQUIÈME LECTURE.

Jambe, chambre, lampe, Jean,
chambellan, charlatan, maman, vol-
can, dimanche, membre, le temple,
bandeau, trembleur, bambou, ban-
delette, denrée, rencontre, tren-

taine , vendeur , nymphe , simple , bambin , syndic , syntaxe , essaim , daim , boudin , la faim , le gain , le grain , la main , le parrain , le sacristain , le prochain , le publicain , le train , le vilain , le dessein , le frein , le plein , la feinte , le peintre , le sein , la teinture , le nom , le pronom , le surnom , la bombe , la compagnie , le compagnon , le rédempteur , le tombeau , lundi , un tribun , l'emprunteur , diaprun , le nerprun , le parfum , l'humble de cœur , le commun , opportun , Yverdun , accompagnateur , airain , ambassadeur , amphigourique , antérieur , arpenteur , astreindre , aubépin , aucun , augmentatif , Augustin ,

authentique, Autun, bandeau, ban-
queroute, béguin, bonjour, bou-
chon, Bourguignon, brocanteur,
caisson, Cambrai, chaînon, chan-
deleur, chaudron, clairon, colo-
quinte, conducteur, convaincre,
coussin, croupion, défunte, je dé-
peindrai, dindonneau, diphthongue,
doguin, dompterai-je, Douvain,
j'embaumerai, empreinte, emprun-
terai-je, j'enchaînerai, enfantin, en-
freindre, épouvante, fainéante, Fon-
tainebleau, fourgon, goudron, guim-
barde, guimpe, guindé, harangueur,
hautain, du houblon, inhérente,
inhumain, être à jeun, jongleur,
lampadaire, langueur, longueur,
menteur, nourrisson, pantoufle,

quarantaine, quelqu'un, quinzaine, sanctuaire, sanguin, sphinx, splendeur, tambour, thym, tombereau, transgresseur, triomphante, vendeur. 551, 652, 753, 854, 955, 156, 257, 358, 459, 560.

Diphthongues.

(Voyez l'in-octavo, pag. 19.)

SIXIÈME LECTURE.

Diable, fiacre, miel, fiel, trépied, viande, amitié, fiole, violon, pioche, juif, lui, étui, duel, tiède, huitième, assiette, serviette, pitié, miaulé, pion, chiourme, babouin, marsouin, écuelle, juin, suinter, loin, groin, lointain, moindre,

joindre , fouine , enfoui , Rouen ,
s'accointer , appointer , baragouin ,
croupion, Dieu , *ien*, chien, le mien,
le tien , le sien , combien, le bien ,
rien , gardien , vaurien , soutien ,
Athénien , Bohémien , Grégorien ,
Corinthien , Italien , entretien , je
maintiendrai , bienfaiteur , le roi,
toi, moi, soi, la loi, le béfroi, l'em-
ploi, l'octroi , la soif , antimoine ,
ostensoir, bassinoire, le poivre, ac-
cordoir, l'armoire , couloir , bai-
gnoire, bonsoir, crachoir, pleuvoir,
ma paroisse, paroissial, paroissien.

PRONONCIATIONS IRRÉGULIÈRES.

SEPTIÈME LECTURE.

C, G.

(Voyez l'in-octavo, pag. 3o.)

Commerçable, ineffaçable, fa-
çade, il agaça, il déplaça, il rem-
plaça, il traça, traçoir, perçoir, ba-
lançoire, il maçonne, arçon, capa-
raçon, façon, garçon, glaçon, li-
maçon, poinçon, rançon, suçon,
tronçon, j'ai reçu, il a aperçu, j'ai
été conçu.

Audace, dédicace, glace, grimace,
balancé, déplacé, fiancé, merci,
raccourci, souci, noirci, âge, bagage,
aunage, abrégé, clergé, dragée,

analogie, magie, astrologie, bougie, Egypte, il abrégea, il adjugea, il agrégea, j'allongeai, il gagea, je nageai, bourgeon, esturgeon, pigeon, plongeon, sauvageon, bougeoir, le geai.

HUITIÈME LECTURE.

S entre deux voyelles.

(Voyez l'in-octavo, pag. 31.)

Braise, chaise, fraise, phrase, emphase, Thérèse, parenthèse, heureuse, bêtise, cagnardise, gourmandise, brodeuse, chanteuse, cause, chose, clause, aisé, organisé, cramoisi, choisi, jalousie, poésie, conjugaison, Isaac, causa, j'ai cousu, il rasa.

Abbatial, partial, impartial, nup-
tial, primatial, facétie, inertie, mi-
nutie, primatie, prophétie, je bal-
butie, partiel, essentiel, Egyptien,
Capétien, Dioclétien, Domitien,
adoption, adoration, affection, cau-
tion, position, ambitieuse, captieuse,
dévotieuse, factieuse.

Exception.

Bastion, indigestion, question,
mixtion, thiare, Matthias, Matthieu,
Ethiopie, hostie, etc. 661, 762,
863, 964, 165, 266, 367, 468,
569, 670.

NEUVIÈME LECTURE.

L.

(Voyez l'in-octavo, pag. 32.)

Babil, cil, mil (sorte de graine), péril, avril, grésil, fille, grille, sautille, apostille, camomille, béquille, cédille, bail, bercail, bétail, détail, éventail, travail, camail, bataille, paille, taille, antiquaille, canaille, écaille, entrailles, épousailles, funérailles, mangeaille, médaille, mitraille, éveil, orteille, réveil, soleil, appareil, conseil, sommeil, abeille, bouteille, corbeille, groseille, merveille, oreille, vieille, oille, fenouille, andouille, elle se dépouillera, citrouille, patrouille,

rouille, quenouille, cuillère, cuil-
lerée, cuilleron, deuil, bouvreuil,
cerfeuille, écureuil, fauteuille, seuil,
linceuil, la feuille, accueil, cercueil,
écueil, orgueil, je cueille, il accueil-
lera, je recueillerai, orgueilleuse,
l'œil, œillade, œillère, œilleton,
œillet (œillè), Sully, Milhaut.

Exception.

Achille, Calville, Camille, codi-
cille, Gilles, idylle, Lille, mille,
pupille, ville, Séville, Sybille, syllabe, village, imbécille, scille, tran-
quille, sille, illustre, distiller, va-
ciller, osciller, cavillation, pusil-
lanime, titiller.

X.

(Voyez l'in-octavo, pag. 34.)

Aix-la-Chapelle, Alexandre, axe, anexe, convexe, équinoxe, extrême, fixe, luxe, maxime, rixe, sexe, taxè, borax, index, larynx, lynx, phénix, préfix, sphinx, Styx, thorax, Xavier, Xénophon, examen, exemple, exercice, exaucer, exhausser, exhéréder, exhorter, exhumer, exil, exalter, exécuter, exiger, exorable, exulcérer, excellente, exception, excessive, exciter, Aix, Auxerre, Auxonne, Bruxelles, soixante, six, dix, le six, le dix, sixain, sixième, deuxième, dixième.

(41)

Z , *Gn.*

(Voyez l'in-octavo, pag. 35.)

Alvarez, Sénez, Rodriguez, Suez, Metz (mêsse), ignée, prognée, inexpugnable, regnicole, diagnostic, stagnation, Agnus-Castus, Gnide, gnome, gnostique, etc. 771, 872, 973, 174, 275, 376, 477, 578, 679, 780.

U.

(Voyez l'in-octavo, pag. 37 et 38.)

Aiguillée, aiguille, aiguillette, aiguillon, aiguillonner, aiguière, aiguiser, Guise (le duc de), le Guide (peintre), inguinal, équestre, consanguinité, à quia, équilatéral,

2.

(42)

équitation , liquéfaction , questeur,
quiétude , Quinte (Curce), Quin-
tilien , quintuple , quirinal , ubi-
quiste , quiétisme, arguer, ambigui-
té, aquatique , équateur, équation ,
in-quarto, loquacité, quadragénaire,
quadragésime, quadrangulaire, qua-
drature , quadrige , quadrilatéral ,
quadrupe , quadrupède , quaterne,
quinquagésime (ku-in), quinqua-
génaire (ku-in).

DIXIÈME LECTURE.

(Voyez l'in-octavo, pag. 35.)

Dans, dais, engrais, désormais,
Français, laquais, bienfait, extrait,
laid, Allemand, marchand, révé-
rend, sans nous, tu es méchant,

astringent, suis-je bavard, l'avocat,
il-rend, artichaut, nigaud, envers,
concert, avez-vous, m'aimez-vous,
chantez, assez, le nez très-long,
saint, flageolet, boiteux, dédaigneux,
berger, boulanger, bijoutier, ad-
joint, dévotieux, mieux, la croix,
le crucifix, la noix, la voix, le plomb,
le front, ils vont, le galop, tu as
bu le sirop, mangeons, Béarn, Tarn,
le scorbut, le porc frais, le baril,
chenil, coutil, le cul, fenil, four-
nil, le fusil, le gril, l'outil, du
persil, le sourcil, tu es soûl, le
camp, le champ, le cep, le drap,
le loup, le coup de poing, fécamp,
beaucoup, trop, l'accroc, estomac,
Cotignac, le jonc, un marc (d'or

ou d'argent), le tabac, le tronc, le clerc, le croc, blanc, le pied, la clef, le cerf, colomb, du bœuf salé, nerf de bœuf (ner de bœufe), nerf délicat, le coing, étang, faubourg, hareng, le rang, seing, Alexis, frimas, hormis, matelas, Nicolas, Jésus, aspect, respect, circonspect, district, intestat, schelling (chelin).

ONZIÈME LECTURE.

Les deux dernières consonnes ne se prononcent pas dans :

Goths, Visigoths, tu corromps, le corps, le temps, le Doubs, amict, aulx, le pouls, le puits, almanach, il rompt, échecs, Rochefoucault, Quinault, le doigt, legs (lê), le

fils , le mets , lacs (lâ) , il est (ê),
ils créent, ils agréent , ils suppléent,
qu'ils courent, ils meurent , ils don-
nent , ils se fâchent , ils rient , ils se
tournent, ils s'habillent , ils travail-
lent, ils commencent , ils jugent,
ils jouent, ils suent , ils dénouent,
ils se tuent, ils distribuent, ils prient,
ils certifient, ils nient, ils donnè-
rent, ils se fâchèrent, elles jugèrent,
elles jouèrent , elles-prièrent, elles
tutoyèrent, elles suppléèrent.

(Voyez l'in-octavo, pag. 47 et 48.)

Elles tutoient, ils déploient, elles
renvoient, elles nettoient, elles pré-
voient, ils croient, elles doivent,
ils reçoivent, elles conçoivent , ils
donnoient , elles se fâchoient , ils

tournoient, ils s'habilleroient, elles travailleroient, ils rinçoient, elles mangeoient, ils nouoient, elles distribuoient, ils prioient, elles joueroient, ils cloueroient, elles nieroient, elles déployoient, ils connoissoient, elles connoîtroient, ils paroissoient, elles paroîtroient, ils méconnoissent, elles méconnoîtroient, elles comparoissoient, ils comparoîtroient, ils ploieroient, elles déploieroient, ils remploieroient, elles tutoieroient, elles nettoieroient, ils fourvoieroient, ils broieroient, elles prévoieroient, ils surseoieroient, elles croîtroient, ils boiroient. 881, 982, 183, 284, 385, 486, 587, 688, 789, 890.

DOUZIÈME LECTURE.

(Voyez l'in-octavo, pag. 45.)

Rayé, payer, je t'ai payé, elles payèrent, ils payoient, il a rayé, ils rayèrent, ils rayoient, balayer, nous balayons, elles balayoient, ils balayèrent, vous balayez, bégayer, ils bégayoient, vous bégayez, il l'a défrayé, elles m'égayoient, que je m'égayasse, j'ai essayé, ils t'essayoient, que tu essayasses, quayage, que tu payasses, abbaye, rayon, crayon, pays (pé-i), il me dépayse, ils se dépaysoient, tu m'as dépaysé, je me dépayserai, crayonner, tu crayonneras, paysan, je paye, il raye, tu essayes, il payera, nous balayerons, vous me payerez, layetier.

TREIZIÈME LECTURE.
Em, en.

(Voyez l'in-octavo, pag. 43.)

Femme, femmelette, fervemment, fréquemment, impatiemment, imprudemment, indécemment, insolemment, patiemment, récemment, révéremment, sciemment, violemment, antécédemment, apparemment, ardemment, conséquemment, décemment, dolemment, diligemment, solennel, solennellement, solenniser, solennité.

(Voyez l'in-octavo, pag. 44.)

Emmagasiner, emmaillotement, emmancher, emmanchement, emmancheur, emmannequiner, em-

mantelé, emmariner, emménage-
ment, s'emménager, emmener, em-
mérologie, emmenoter, emmieller,
emmuseler, emmiellure, emmitou-
fler, emmortaiser, emmotter, en-
nui, ennuyer, ennuyeux.

(Voyez l'in-octavo, pag. 4o.)

J'acquerrai, tu acquerras, il ac-
querra, acquerrons-nous, acquer-
rez-vous, je courrai, tu courras, il
courra, nous courrons, vous cour-
rez, ils courront, j'acquerrois, tu
acquerrois, ils acquerroit, ils cour-
roient, je mourrai, tu mourras, il
mourra, nous mourrons, vous mour-
rez, ils mourront, je mourrois, tu
mourrois, il mourroit, nous mour-
rions, vous mourriez, ils mour-

roient, je conquerrois, tu conquerrois, il conquerroit, nous conquer-
rions, vous conquerriez, ils con-
querroient, je parcourrai, tu par-
courras, il parcourra, nous parcou-
rons, vous parcourrez, ils parcour-
ront, horrible, terrible, terreur,
erreur, horreur, etc.

QUATORZIÈME LECTURE.

Point tréma ë, ï, ü.

(Voyez l'in-octavo, pag. 45.)

Haïr, haïssons-nous, tu haïras, il
a haï, naïve, naïf, héroïde, héroïne,
héroïque, laïque, Caïphe, faïence,
faïencerie, faïencière, aïeux, aïeule,
Moïse, mosaïque, ouï (entendu),

prosaïque, baïonnette, Caïn, coïn-
cider, païen, Naïm (Na-hi-me),
Esaü, Antinoüs, Emmaüs, aiguë,
ciguë, ambiguë, contiguë, exiguë,
béguë, besaiguë, Capharnaüm (Ca-
pharna-home).

(Voyez l'in-octavo, pag. 5o.)

J'ai eu, as-tu eu, il a eu, j'eus,
tu eus, il eut, eûmes-nous, eûtes-
vous, mon frère et ma sœur eurent,
que j'eusse, que tu eusses, qu'il
eût, eussions-nous, eussiez-vous,
il falloit que mon frère et ma sœur
eussent.

(Voyez l'in-octavo, pag. 54 et 55.)

Sceau, scel, scélérat, scène, scie,
sciure, schelling, schisme, schis-
matique, Claude, second, seconder,

secondement, secondaire, Caen, aôriste, la Saône, taon, août, aoûter, Laon, Laonnois, paon, paonne, paonneau, faonner.

(Voyez l'in-octavo, pag. 5o et 5ı.)

Le nerf, l'œuf, le bœuf, les nerfs, quatre œufs, des bœufs, Clugny, Signet, Regnard, le coq, des coq-à-l'âne, coq-de-bruyère, coq d'Inde, un shéridan, un shérif, gageure, chargeure, mangeure, vergeure. 991, 192, 293, 394, 495, 596, 697, 798, 899, 900.

QUINZIÈME LEÇON.

(Voyez l'in-octavo, pag. 48, 49 et 5o.)

Chloris, chlamyde, chlorion, chlorose, chloriste, christianisme,

chrême , chronologiste , chrétien ,
Christophe , chronique , Achab , Ar-
chéloüs , Achilléide , anachorète , ar-
change , archétype , archiépiscopal ,
archonte , l'os brachial , la cachexie ,
un catéchumène , Cham (ka-me) ,
Chalcédoine, chalcographie, un Chal-
déen , vin chalibé , le chaos (kao) ,
Chanaan , une plante chélidoine , la
Chersonèse , une Chiliade , un chi-
rage , chiste , chœur , chirographaire ,
chiromancie , chalogogue , cholédo-
que , choriste , chorus , chorévêque ,
écho , enchimose , eucharistie , exar-
chat, Michel-Ange , la plante orchis,
le rachitès , Hénoch , saint Roch ,
lichen (liken) , Anacharsis , patriar-
chat , Machiavel, Jéchonias , Achias,

(54)

Melchior, Civita-Vecchia. *Ei* se prononce *é* dans baleine, peine, pleine,
la reine, la Seine, la veine, vervei-
ne, etc. *M* est nulle dans automne,
damner, condamner, damnation,
damnablement, condamnation.. *P.*
est nul dans baptême, Baptiste, bap-
tistaire, baptistère, sept, exempt
(egzan), compte, compter, promp-
titude, symptôme.

(Voyez l'in-octavo, pag. 42 et 43.)

Désuétude, parasol, tournesol,
entresol, contresigner, préséance,
présupposer, vraisemblable, vrai-
semblablement, vraisemblance, mo-
nosyllabe, polysyllabe, polysydo-
nie, Alsace, balsamine, Alsacien,
balsamique, balsamite, transaction,

transiger, transition, transitif, tran-
sitoire, transi de froid, transir, tran-
sissement, Transylvanie.

(Voyez l'in-octavo, pag. 44.)

Ressaigner, ressaisir, ressasser,
ressaut, ressemblance, ressemeler,
ressemer, ressentir, resserrer, res-
sort, ressortir, ressource, ressuer,
ressouvenir, schelling.

SEIZIÈME LEÇON.

(Voyez l'in-octavo, pag. 55, 56 et 57.)

Camoëns, Rubens, chrétienté,
radoub, rumb, Spléen, le Néker,
Michel-Montaigne, douche, dra-
chme, Béarn, Tarn, Reims, client,
inconvénient, patient, ingrédient,

expédient, expérience, quotient, orient, emmaigrir, enivrer, enivrement, enorgueillir, enoiseler, indemniser, indemnité, hennir, hennissement, Westphalie, Wallon, Warvick, Washington, Windsor, Wolfram, Wolga, Worms, Wurtemberg, wisk, wiski, wigh, Newton, Laws.

N. B. Si l'on procède avec ordre, si le jeune lecteur n'est admis à une leçon nouvelle qu'après avoir bien compris celle qui précède, on pourra lui faire lire l'in-octavo, en commençant à la page 57. L'abrégé de la prosodie, la liaison des consonnes finales, fortifieront l'élève dans la lecture des mots, et le prépareront à lire couramment la troisième partie qui contient *l'art de lire à haute voix.* Mais il ne faut pas non plus perdre de vue que le meilleur moyen d'arriver plutôt et plus sûrement au but est de *se háter lentement.*

FIN.

9 782019 232764